Claudia Brigitte Weis

ANGELPLACE
LIES
DIESES BUCH

Bibliografische Information der Deutschen Nationalbibliothek:
Die Deutsche Nationalbibliothek verzeichnet diese Publikation
in der Deutschen Nationalbibliografie; detaillierte
bibliografische Daten sind im Internet über http://dnb.dnb.de
abrufbar.

© 2019 Claudia Brigitte Weis

Herstellung und Verlag: BoD – Books on Demand,
Norderstedt

ISBN: 978-3-7494-8438-6

Inhaltsverzeichnis

―――――――――――――――

1. Wenn der Schüler bereit ist erscheint der Lehrer

Herzlich willkommen beim 1. Tag des Online CHANNEL Medium Kurses. Mein Lehrer ist gekommen und es ist mein Schutzengel Elias. Er hat mir den Auftrag erteilt der Menschheit die himmlischen Welten zugänglicher zu machen und damit die Wunder der Erde zurück zu bringen.

Diese Worte sprach einst Gott zu mir, als ich durch einen plötzlichen Schock das Bewusstsein verlor und in einer Zwischenwelt steckte, in dieser ich allerdings bei vollem Bewusstsein war.

Er sprach: " Vertraue" ich brauche keinen Körper um mich bemerkbar zu machen nur, eine Stimme."

Ich kam zu Bewusstsein - landete im Krankenhaus - und wollte nur eines: Diesen Frieden, diese Liebe noch einmal spüren, dieses unermessliche geliebt sein!

Kurz um, ich vertraute und sogar mehr als das. Mein himmlischer Führer TAO erschien und er arbeitete mit mir unermüdlich und ich mit ihm.

Aber das ist eine andere Geschichte. Falls mal bei dir einmal TAO auftaucht mit den Worten: Ich bin ein Christushilfsengel, dann schnapp ihn dir, der Junge ist gut! Zeichnet sich aus durch Tapferkeit und Stärke und ist ein Fels in der Brandung. Manchmal hat er auch Sinn für schwarzen Humor. Wobei, vielleicht war das gar nicht TAO sondern, es hatte sich da einer der dunklen Scherzbolde eingeschlichen.

Wie dem auch sei, zurück zu meinem Schutzengel Elias. Ich werde auch jede Anweisung von Elias mitmachen um zu spüren was es in mir und mit mir macht. Niemals ist man dem Himmel näher.

Elias spricht:

Vom ersten bis zum sechsten Tag sucht für fünf Minuten Stille und berichtet darüber in einem kleinen Büchlein das euch fortan begleitet. Es ist nicht notwendig nichts zu denken nur still soll es unmittelbar um dich sein. Ich freue mich auf deine Erlebnisse.

Puh. Das ist genau das was mir schwer fällt. Stille. Also gut ich mach mit. Auch wenn ich schon ein Medium bin. Aber es ist immer so überraschend.

Ich freue mich auf euch, auf Elias, und auf die himmlischen Erfahrungen.

Bis in sechs Tagen – los geht's!

2. Erlebnisbericht und neuer Auftrag

Die Essenz: Wenn es dir unmöglich ist äußere Stille zu erlangen begib dich in das Zentrum Deiner Stille!

Auch ich musste mich selbst auffordern die versprochenen 5 Minuten Stille zu erfahren. Es ist nicht immer leicht in unserem durch strukturierten Alltag an sich selbst zu denken. Umso überraschter war ich wie schnell doch die fünf Minuten vorbei waren. Ich hatte immer das gleiche Bild vor meinem geistigen Auge. Zuerst erschein ein gleichschenkliges Kreuz um das sich eine Lichtkugel bildete liegend in zwei Händen. Der stillen Aufforderung diese an mich zu nehmen befolgte ich, und ein tieferinnerer Frieden stieg in mir auf. Einmal hörte ich wie in mir ein Lied immer lauter wurde das ich vor Jahren zuletzt gehört hatte und dies mit der Liebe meines Lebens in Verbindung brachte. Das war so lange her das konnte ich gar nicht bewusst denken, geschweige denn herbeiführen. Es kam so unvermittelt vom meinem Unterbewusstsein in mein Bewusstsein hinein. Es war wunderschön.

Es gab aber auch Momente in den besagten fünf Minuten, da kreisten meine Gedanken nur um ein Thema. Es war mir unmöglich diese auszuschalten oder mich auf etwas anderes zu konzentrieren. Da kam mir die Idee dem Gedanken aus einer gewissen Distanz zu hören. Und was soll ich sagen? Er verschwand auf einmal und wurde bedeutungslos. Ich kann nur jeden der das liest dazu auffordern es mal selbst auszuprobieren. Ich werde jedenfalls weitermachen und täglich fünf Minuten Stille praktizieren, denn es gefällt mir was ich dabei erlebe.

TAO ist gekommen.

Ich grüße dich und darf mich vorstellen. Ich bin ein Christushilfsengel und doch weitaus mehr als das. Doch zunächst möchte auch ich dir einen Auftrag erteilen um mit deinem wahren Selbst stärker in Kontakt zu treten. Fortan sollst du für 7 Tage deine Wahrheit aussprechen zu einem Thema das dich so lange beschäftig hat das du darüber krank geworden bist aus Angst verstoßen zu werden. Übe dies auf einem Stück Papier oder vor einem Spiegel. Sprich mit mir darüber leise oder laut. Ich werde dir spürbar Führung geben. Nach sieben Tagen berichte was dir wiederfahren ist.

Okay. Das ist eine klare Ansage. Ich, Claudia, bin dabei. Es gibt da ein ganz dickes Thema bei dem ich mich tatsächlich davor fürchte die Dinge beim Namen zu nennen. Wo ich doch ganz genau weiß dass es wichtig wäre dies zu tun. Ich muss es ja nicht gleich in die Tat umsetzen. TAO meinte ja man kann das erst mal laut üben. Mal sehen wie sich das anfühlen wird in mir und was es mit mir macht.

Also, wir sehen uns wieder mit einem neuen Kommentar und Auftrag, in sieben Tagen. Bis dahin alles Liebe für euch.

3. Resume und neuer Auftrag

Sich auf ein Thema zu konzentrieren um es zu heilen hat mir richtig Schwierigkeiten bereitet. Denn ein Thema alleine zieht auch die Aufmerksamkeit anderer Themen auf sich. Und schon geht alles drunter und drüber.

Allerdings nach einer gewissen Zeit und sehr viel Übung gelingt es dann doch zumindest die wichtigsten Themen zu bearbeiten. Ich habe festgestellt dass zu guter Letzt immer nur eines übrig bleibt. Dem ganzen Geschehen aus der Vergangenheit zu vergeben und sich selbst zu vergeben.

Die Erde ist ein Lernplanet. Und je früher wir diesen wichtigen Punkt der Vergebung gelernt haben, umso eher können wir unser Leben genießen. Tao meint, an diesem Punkt scheitern sie alle. Nur die wahrhaft starken und mutigsten, gehen an dieser Stelle weiter. Du hast die Wahl.

Da ich das ja schon alles vor 13 Jahren das erste Mal gemacht habe ist mir dies auch nicht fremd. Aber ich kann bestätigen, dass ist der wahrhaftige Härtetest. Elias sagt, es ist auch wichtig weiterhin wenigstens fünf Minuten Stille zu praktizieren. Daher lautet der neue Auftrag:

Stille und wiederum ein neues Thema lösen und zur Vergebung entlassen. Es hilft nichts, denn nur wenn unser Kopfkino ruhig ist, wird es möglich sein, die Intuition, die Eingabe - den Himmel in sich wahrnehmen zu können. Doch wenn das zum ersten Mal passiert, öffnen sich Welten. Sei gespannt und habe Mut. Zehn Tage sollten erst mal reichen. Ganz ehrlich, ich bin froh noch etwas mehr Zeit für mich und mein Kopfkino zu haben. Denn nur Gedankenhygiene wird dich langfristig an dein Ziel bringen. Und diese Ziel hier lautet: Channeln lernen. Auf ´Deutsch - Botschaften kanalisieren. Und das geht nur mit einem "leeren" Kopf. Klingt schwer, aber es funktioniert.

4. Du säst was du erntest

Klare Gedanken ergeben klare Ergebnisse. Wenn dem nur nicht so viel Arbeit voraus gehen würde.

Da praktiziert man nun täglich fünf Minuten Stille um Frieden und Ordnung in sein Leben zu bekommen, und was geschieht? Das Chaos wird nur noch größer. Doch genau jetzt an diesem Punkt ja nicht verzweifeln sondern gezielt weitermachen, denn dann, und nur dann, geschieht mit einem Mal etwas sehr erstaunliches.

Überraschender Weise ist plötzlich keinerlei inneres Geplapper mehr, und eine leise wohlklingende Stimme steigt in dir auf. Und glaube mir, du wirst von Ehrfurcht ergriffen sein. Denn genau in diesem Augenblick bist du drin. Im Zentrum deines SEINS. Und genau dort, genau in diesem Moment, wirst du dir einen Block und einen Stift holen und alles aufschreiben was du fortan innerlich zu hören vermagst,

Und wenn du darin geübter bist, wirst du anfangen Fragen zu stellen, und dir die Antworten notieren. Dann bist du nämlich drin, in deinem Schöpfer Ich. Deiner Akasha Chronik. Nimm dir dafür bitte reichlich Zeit. Um zu forschen zu experimentieren.

Und zu realisieren. Denn in diesem Augenblick schreibst du Schöpfungsgeschichte.

Nimm dir ein Beispiel heraus, und lasse dich von dem Ergebnis überraschen. Sehe und fühle das Gewünschte in deinem Inneren, und wünsche auch allen anderen so viel Glück und Wunderkraft, dann wirst du deinen Wunsch schon bald, und glaube mir, sehr bald in deinen Händen halten.

So, aber zuvor praktiziere weiterhin mindestens fünf Minuten Stille täglich. Nimm dich selbst in den Arm und sage ich liebe dich, damit es auch all die anderen tun. Und fange an deinen Lebensfilm so zu gestalten dass er auch in der Vergangenheit deinem jetzigen Dasein entspricht. In deiner täglichen Stille gehe sanft in deinen Schmerz hinein mit Hilfe deines Schutzengels und stelle dir jeden Aspekt deines Lebens so vor, wie er deiner Meinung nach hätte laufen sollen.

Danach vergib allen beteiligten Personen mit den Worten: Ich segne dich und lasse dich frei!" Damit auch du gesegnet bist und frei wirst in diesem Augenblick.

Das ist wohl die schwierigste Lektion die es zu meistern gilt. Aber, wir wollen schließlich unsere Wünsche erfüllt sehen um unser Leben nach unseren Vorstellungen zu gestalten. Und wenn nur dieses Eine zwischen mir und meinem Guten steht, dann werde ich es auch meistern, damit aus mir ein Meister meiner Selbst wird. Viel Spaß dabei. In zwei Wochen hören wir wieder voneinander. Also los, auf geht's!

5. Ereignisse und Phänomene

Bevor ich meine Erlebnisse dokumentiere, die
eigentlich eher einschläfernd sind als spannend
und somit gar nicht der Rede wert, muss ich euch
unbedingt zeigen was mir bei der Meditation
erschienen ist.

Du bist eingebettet in den kosmischen Schutz der Erde und des kompletten Universums. Alle Mächte stehen dir zur Unterstützung deiner guten großen Wünsche bereit. Alles steht dir zur freien Verfügung. Spiel mit der Vielzahl der Möglichkeiten. Habe mehr Visionen als jemals zuvor. Bringe alles zu Papier was du erreichen willst. In jedem Bereich deines Lebens. Und überlasse dann uns, den Engeln, die Fertigstellung deiner Bestellung. Du musst nicht wissen wie es passiert, du musst nur wissen „Das!" es passiert.

Ich habe sofort eine Skizze angefertigt. Der obige Text dazu ist ein Channel aus dem Universum von Elias, meinem Schutzengel, den er mir diktiert hat. Ich sehe das als Auftrag an uns alle de wir hier an diesem Kurs teilnehmen. Erstaunlich ist die Zahl 11. Die Zahl 11 steht für Idealisten, Träumer, und Mystiker. Elfer haben sehr viele Visionen! Da haben wir es schon. Visionen! Wie im Auftrag beschrieben. Das ist genial. Spiritualität, Intuition, Weisheit der Seele, Medialität,

Alles auf einen Haufen. Jetzt geht es daran etwas daraus zu machen. Das Gefährt, in meinem Fall sieht das aus wie ein "Wurm?" mit einer Pyramide, allerdings falsch herum und sie leuchtet Rot Dualität, wie oben so unten. Spitze nach oben Schöpfungsenergie empfangen. Spitze nach unten Schöpfungsenergie manifestieren. Ich glaube ich habe hier gerade ein großes Rätsel gelöst bekommen.

Wir alle richten nur den Blick nach oben und vergessen dabei das Erhaltene auf der Erde einzupflanzen und gedeihen zu lassen. Ich spüre das ist mehr als nur ein Symbol. Das ist Schöpfungsgeschichte.

Und die Farbe Rot ist Manifestation Verwirklichung Verwurzelung. Der Körper ist bunt, das ist gut ich habe die Wahl. Das Auge eine Spirale dessen Richtung ich als "vom Himmel zur Erde" interpretiere. Ich bin begeistert.

Ich weiß nun gar nicht wo ich anfangen soll. Ich nehme mir diese Bild als Meditationsvorlage und präge es mir vor meinem geistigen Auge ein.

In der Stille werde ich die Frage stellen:

Was ist mein nächster erster Schritt, und zu welchem Ziel bringt er mich.

Genau das mache ich. Und ihr macht einfach mit. Aufschreiben nicht vergessen.

6. Eintritt ins Jenseits

Glaubt mir, wenn ihr nicht den Mut verliert und einfach immer wieder weitermacht, wie ein Uhrwerk Tag ein Tag aus, auf der Suche nach einer Antwort aus dem Jenseits. Dann werdet ihr auch eines Tages die Antwort finden. Ohne eine Katastrophe durchlebt zu haben, oder sogar ein Nah Tod Erlebnis.

Nein, es geht auch so. Man sollte nur dran bleiben. Also am leichtesten ist es ja wenn man nach der Liebe fragt. Allerdings sollte man da schon eine coole Socke sein, denn in Liebesdingen hat die Wahrheit nur selten eine Chance auch gehört zu werden. Wer glaubt schon an schlechte Nachrichten wenn man doch gerade so frisch verliebt ist, und die Hormone das Gehirn vernebeln.

An dieser Stelle habe ich euch einiges voraus, da ich nun schon seit 15 Jahren auf diesem Gebiet arbeite, aber ich weiß was ihr durchmacht. Nur nicht den Mut verlieren, Notizen machen, hinterfragen, und auch mal den Verstand einschalten hilft. Und glaubt mir im Jenseits steppt der Bär, wenn auch nicht immer zum puren Vergnügen. Wenn ich mutig genug bin schreibe ich ein Buch darüber.

Eventuell erscheinen euch ja in diesem Stadium schon eigene Bilder. Oder ein Engel stellt sich mit seinem Namen vor. Das ist alles Realität. An diesem Punkt beginnt die Stille Unterhaltung. Und wohl auch die schwierigste Phase die Wahrheit von dem Blödsinn zu unterscheiden. Es hilft wirklich sich alles aufzuschreiben. Dann das geschriebene mal eine Woche zur Seite legen um es im Anschluss daran in aller Ruhe durchlesen. Du wirst spüren was ein "Channel" war den du aufgeschrieben hast, und wann dein Kopf sich eingeschalten hat. Der kleine Besserwisser da oben, ist in diesem Fall allerdings nicht der gesunde Menschenverstand. Darüber solltest du sowieso jeder Zeit reflektieren.

Wie du sicher schon vermutest, lautet der neue Auftrag: "Weitermachen!" Lerne, gib dir Zeit experimentiere. Und sei überrascht was dich erwartet

7. Fluss der Fülle erschaffen

Der Engel der Fülle ist zu dir gekommen um mit dir gemeinsam durch die Flure des inneren und äußeren Reichtums zu wandeln. Damit wir alle Schätze einsammeln können die du brauchst und auch behalten darfst für ein Leben in innerem und äußeren Reichtum. Ergreife demütig und dankbar meine Hand und lasse dich führen auf dem Weg zum ganz großen Erfolg. Herzlichen Glückwunsch du bist soweit. Ich freue mich mit dir.

Wieder habe ich ein Bild bekommen und es ist fantastisch damit zu arbeiten. Die Zahl 63 ergibt in ihrer Quersumme die 9. In der Literatur bedeutet die Zahl neun das Auge Gottes. Zufall? Die Reinheit der Seele die größte Glückseligkeit sowie die absolute Wahrheit, steckt in dieser himmlischen außergewöhnlichen Zahl. Ist dir bewusst was dieses Bild in sich trägt? Du erhältst hier nicht nur einen Schlüssel in das himmlische Reich, nein es ist gleich ein ganzer Schlüsselbund!

Wenn du dir die Zeit nimmst alle enthaltenen Botschaften akribisch auseinanderzunehmen und zu dechiffrieren wirst du vor Glücksseligkeit jubeln. Hinzu kommt, je mehr du dich mit der himmlischen Wahrheit beschäftigst, umso mehr beschäftig sie dich. Ergo, deine Fähigkeiten mit deinem inneren Auge zu sehen bekommt einen gewaltigen Schub.

Hier sind es nicht alleine die Botschaften die hinter den Zahlen stehen. Die Zahl 6 die in unserem Zahlenbild dem Thema Fülle zu zuordnen ist, besagt eindeutig, dass es sich hierbei auch um eine Art der Prüfung handeln muss. Die teuflische Versuchung, oder die himmlische Erfüllung?

Erforsche in dir, welcher Reichtum soll tatsächlich in den Fluss kommen. Wenn du dir darin schlüssig geworden bist, wird sich dieser Gedanke inklusiv der Vorstellung wie dein Ziel aussehen soll, unweigerlich fortpflanzen. Die Zahl 6 bezieht sich definitiv auf alle Materiellen Besitztümer, und auf die Art und Weise unserer Eigenliebe. Doch beides muss zuerst in dir entstehen damit du auch beides in Besitz nehmen kannst. Das eine wird ohne das andere nicht entstehen können. In dem Maße wie wir uns lieben, wird das Gefäß mit materiellen Besitz gefüllt werden. Ich spreche nicht von purem Egoismus, sondern davon wie ich mich selbst „Schätze". Diese „Einschätzung" kommt in Form eines „Schatzes" (materiell) zu mir.

Die Zahl drei steht für die schöpferische Kraft, die Dreieinigkeit so zu sagen. Sie verkörpert das pure Vergnügen zu erschaffen. In der Zahlenmagie ist sie die mächtigste Zahl, eine heilige Zahl, wenn nicht die Heiligste überhaupt. Und freudiger Weise dem Planeten Jupiter zugeordnet, der uns mit Glück zur Seite steht. Und nicht nur Jupiter, sondern auch Jesus steht uns in dieser Zahl beiseite. Denn als Binärzahl (1) steckt sie 3x in der 3 also dreimal eins. Wie sagte Jesus so schön: Zitat: Wenn der Hahn dreimal kräht wirst du mich verraten. Ergo: Er hat es gwusst!

Arbeite mit der Zahl 63. Die zusätzliche Wahl der Farben die du zu deinem Zahlenschlüsselbund wählst werden dir noch weitere Erkenntnisse und Botschaften übermitteln. Und du kommst der

Wahrheit immer näher. Spiele damit. Lasse geschehen, und wachse mit deinen Aufgaben.

8. Das Negative akzeptieren

Nicht immer läuft alles so rund wie man sich das gerade vorstellt. In sein innerstes zu schauen und sich zu lieben für die Schandtaten der Vergangenheit klingt absurd. Wie gerne kommt man an diesem jenen Punkt in die Versuchung in Selbstmitleid zu baden was einem die böse Welt da draußen doch schlimmes angetan hat. Wäre dies und das nicht geschehen, dann hätte ich dies und das auch niemals getan. Frei dem Motto, ich, das arme Opfer der Umstände.

Stopp! Das mag zwar helfen bringt dich allerdings auch nicht weiter. Unsere Seele hat sich vor der Geburt dazu entschieden die Erfahrung der Heilung und der Erlösung auf der Erde zu erfahren. Um Heilen zu können muss eine Verletzung vorangegangen sein. Also erschaffen wir in Absprache mit der geistigen Welt diejenigen Situationen auf der Erde die uns dahin führen in Liebe zu vergeben um somit Erlösung zu finden um zur Ganzheit der Seele zurück zu kehren.

In erster Instanz wäre hierbei ratsam sich selbst erst einmal zu vergeben. Die Erde ist ein Lernplanet. Du lernst, also fällst du auch hin. Würde ein kleines Kind das soeben laufen lernt zu sich sagen: He du bist so doof. Alle anderen laufen

schon und du dumme Nuss fällst dauernd hin. Las
es einfach bleiben es führt zu nichts. Die anderen
lachen dich eher aus. Leg dich erst mal hin und
lass es bleiben. Es gibt ja noch die Mama die alles
für mich macht. Also warum soll ich mich
anstrengen.

Gut und schön auch ein Plan. Allerdings wird es
die anderen Kinder laufen sehen, und
Schuldgefühle steigen in ihm auf. Ach hätte ich
doch auch laufen gelernt. Bringt es da was in
Selbstmitleid zu versinken? Oder ist es an dieser
Stelle besser mit dem Laufen anzufangen?
Niemand hat das Kind ausgelacht da alle laufen
lernen, nur du selbst hast dich verachtet. Keiner
denkt deine Gedanken. Nur du.

Raus aus der selbstgebauten Mitleidsfalle. Wie das
geht? Ganz einfach. Akzeptiere deine negativen
Gedanken indem du dich dafür in deinen eigenen
Arm nimmst und tröstest. Wie eine Mutter ihr
Kind tröstet mit den Worten: Ist alles halb so
schlimm. Oder: Oh weh das blutet. Wir machen da
erst einmal ein Pflaster darauf dann heilt das ganz
schnell wieder.

Ich kann mich noch sehr gut an diese Pflaster
erinnern. War es das Pflaster oder die beruhigende
Stimme meiner Mutter, die mich in diesem
Moment allen Schmerz vergessen ließ. Mir ein
Lächeln ins Gesicht zauberte, ich schnurstracks

raus rannte um weiter zu spielen, und wieder hin zu fallen.

Genauso!

9. Forschungsergebnisse

Wirklich großartig gleich einen ganzen Schlüsselbund mit seiner Vielfalt der Möglichkeiten zu erhalten dessen Geheimnisse man selber noch gar nicht kennt. Wäre doch viel praktischer wenn es nur eine Möglichkeit gäbe. Aber immer diese Auswahl. Klar ist das schön wählen zu dürfen. Allerdings beschleicht mich schon bei der ersten Auswahl für ein Thema der Gedanke die falsche Wahl getroffen zu haben, und ob es vielleicht doch klüger wäre mit was anderem anzufangen. Und schon habe ich jede Menge Zeit verplempert und nichts ist geschehen. Außer vielleicht das ich mich schlecht fühle weil ich keine Entscheidungen treffen kann.

Da stellt sich doch die Frage, wie gehen andere damit um? Und während ich darüber nachdenke fällt mir auf: Das ist mein Thema! Die Qual der Wahl. In der heutigen Zeit ja auch nicht verwunderlich. Allerdings werde ich ja auch ein Stück weit gelenkt, wie der Volksmund ja auch treffend sagt; Der Mensch denkt Gott lenkt. Also gut dann fange ich jetzt damit an meinen Schatten zu akzeptieren der da heißt: Ich bin bis gerade eben unfähig gewesen eine Entscheidung zu treffen! Ich lese mir den letzten Satz gerade noch einmal durch, und spüre, wie eine große

Erleichterung sich in mir breitmacht. Ich habe doch tatsächlich in der Vergangenheitsform geschrieben. Ich habe akzeptiert, und die Qual der Wahl gehört plötzlich der Vergangenheit an! Scheint also doch ganz einfach zu sein. Gut ich habe ein Thema, und nun werde ich damit in die Stille gehen und mir den Ursprung zeigen lassen von meinem Schutzengel, an dem die Angst und Unsicherheit in mir entstanden ist, überzeugt davon zu sein eine falsche Wahl zu treffen. Der Anfang ist gemacht.

Ich bin mir sicher auch du hast bereits den Anfang gefunden. Es reicht immer der erste Schritt aus um sicher ans Ziel zu gelangen. Und da uns keiner dorthin tragen kann, müssen wir ihn schon selber gehen. Und darauf darfst du stolz sein.

10. Ist das bereits „Channeln"?

Die frohe Botschaft lautet: Ja! Was allerdings nicht bedeutet dass jede getroffene Entscheidung ein sogenanntes – Channel – ist. Vielmehr ist es das was dahinter liegt. Vor einer getroffenen Entscheidung. Was in dir hat sich so breit gemacht dass du unweigerlich sofort deine Aufmerksamkeit darauf gelenkt hast? Gecheckt?

Nein? Also lass es dir erklären. Wir Menschen sind tatsächlich in der Lage an fünf Dinge gleichzeitig zu denken. Klingt komisch ist aber so. Männer wie Frauen. Das aber heißt nicht dass wir auch gleichzeitig fünf verschiedene Dinge tun können, mag es hier vielleicht auch einige Ausnahmen geben. Aber dir Regel ist es nicht. Unser Kopf Kino ist uns sehr wohl vertraut, und schaltet sich auch gerne immer dann an wenn es definitiv nicht gefragt wird.

Ist euch dabei schon einmal aufgefallen das es stets die gleichen Gedanken sind die sich wie eine Schallplatte in deinem Kopf abspielen? Und, kam dabei jemals etwas Produktives heraus? Nur selten wenn überhaupt. Das endscheidende dabei ist, solange wir dem Geplapper nur nebensächlich zuhören sind wir an keiner Lösung ernsthaft interessiert. Erst wenn das Hauptaugenmerk auf die „Lösung" des jeweiligen Gedankenchaos gelegt wird, kommt eine Flut von Ideen in dein Bewusstsein, die dir diese oder jene Möglichkeit tatsächlich vorspielen, wie du das Problem lösen kannst. Und wenn du es jetzt noch schaffst, dir eine Möglichkeit herauszupicken von den vielen möglichen Lösungen, und diese vor deinem geistigen Auge durchspielst: wie es sich anfühlen wird…. welche Personen daran beteiligt sind und wie sie darauf reagieren… wie dein Leben dann weitergeht, usw. Herzlichen Glückwunsch!

Dann kann ich dir nur gratulieren. Dann hast du für Dich einen Channel erfahren den es nun gilt weiterzuverfolgen. Anmerkung: JA! Es ist ersteimal sehr mühsam, und du musst gewillt sein auch so einige Fehlschläge einzustecken. Aber es lohnt sich. Der geschulte Channel Meister sieht während eines Gespräches bereits schon die Abläufe einer getroffenen Endscheidung und kann diese dann gefiltert und allgemeinverständlich, oder so ausführlich wie er nur will, dem Fragenden wiedergeben.

Wenn du ernsthaft suchend und daran interessiert bist, wirst du ziemlich schnell ein Meister darin sein. Alles eine Sache der Übung. Fleiß und Ausdauer vorausgesetzt. Aber wenn es dir gelungen ist auch nur einmal die Wahrheit gesehen zu haben die in der Zukunft lag. Dann wirst du süchtig werden danach für den Rest deines Lebens.

Du musst es nur schaffen dabei zu bleiben und unermüdlich diese Übungen im Eigenstudium durch exerzieren. Dann stehen dir alle Türen offen.

Aber sei auch gewarnt. Nicht alles und jedem blindlinks Vertrauen schenken. Du wirst im Laufe der Zeit allerdings schon lernen, die sprichwörtliche „Spreu vom Weizen" zu trennen.

Mit den gemeinsamen individuellen Übungen in diesem Buch und den hoffentlich zahlreichen Erfahrungen von euch, hast du das richtige Werkzeug an der Hand ein Profi zu sein. Und nun wünsche ich dir viel Spaß dabei, deine Gedanken in Ordnung zu bringen.

11. Wie komme ich zur Ruhe

Das ist eine gute Frage, und dabei auch sehr leicht zu beantworten. Zur Ruhe komme ich erst wenn ich auch ein ernsthaftes Interesse daran habe Ruhe zu wollen. Damit ist nicht das allabendliche Füße hochlegen vor dem Fernseher gemeint, sondern echte Ruhe. So wie im Langstreckenflug z.B. wenn ich gezwungener Maßen nichts mit der Außenwelt zu tun haben möchte, was mache ich dann?

Augenbinde – Lehne zurück –Ohrstöpsel rein.

Es ist schön dabei sanfte Musik zu hören und seinen Gedanken freien Lauf zu lassen. Warum funktioniert das nur wenn es keine weiteren Alternativen für eine Beschäftigung gibt? Ganz einfach. Weil wir auf Betriebsamkeit konditioniert sind, und Müßiggang etwas für Langweiler ist die keine eigenen Interessen haben. Die Wahrheit ist, das ist vollkommener Blödsinn. Wir müssen wieder lernen Müßigkeit zu praktizieren. Schon allein deshalb um unsere Batterien aufzuladen.

Aus meinen frühen ersten gesammelten eigenen Lernerfahrungen kann ich nur eines dazu sagen:: Es hat bei mir einfach nicht geklappt! Wenn ich mich bewusst tagsüber hinlegte um zu meditieren bekam ich nicht einmal mit was auf der CD gesprochen wurde. Und wenn ich dann einigermaßen soweit war, war die CD abgelaufen. Halleluja großartig. Als Vorbild dafür scheide ich definitiv aus. Noch bis heute habe ich meine liebe Mühe damit.

Allerdings habe ich für mich einen sicheren Weg gefunden in himmlische Stille zu kommen und zwar durch die Macht der Gewohnheit. Anfangs war ich erst bereit zu entspannen wenn die CD aus war. Aber danach entstand etwas Erstaunliches. Nach Ablauf der CD konnte ich mich nicht dazu aufraffen noch einmal den Startknopf zu drücken obwohl mein innerstes förmlich danach schrie. Ich war zwar hellwach und bei Bewusstsein. Aber so regungslos tiefenentspannt dass ich mich schlicht und ergreifend nicht bewegen wollte und innerlich so was Ähnliches zu mir sagte wie; ach halt die Klappe.

 Und bei dem Gedanken darüber wurde es mir egal. Ich blickte innerlich auf die vielen Lichtpunkte die aus dem dunklen schwarz meiner geschlossenen Augen mir scheinbar zuzwinkerten. Immer aus überraschend verschiedenen Richtungen.

Das war spannend und ist es heute noch. Ich ließ einfach geschehen und fühle mich unsagbar wohl. Irgendwann nahmen die Lichtpunkte Gestalt an. Gegenstände – Häuser –Fahrzeuge – Kontinente, ja ganze Szenarien erschienen vor meinem geistigen Auge.

Und eine Tages geschah es dann. Das zuvor von mir gesehene tatsächliche Ereignis kam in den Nachrichten. Ich weiß nicht mehr so genau was ich bei mir dachte. Nur, kann ich mich noch sehr genau daran erinnern, dass ich wissentlich schmunzeln musste.

So etwas geschieht nicht von heute auf Morgen, dazu gehört der unumstößliche Wille, eine gehörige Portion Mut, und auch ein gewisser Humor dabei kann nicht schaden. Doch was ein absolutes Muss ist: Üben, Üben, Üben! Rückschläge einstecken und Geduld haben. Spielerisch dabei sein. Und nicht alles so ernst nehmen. Vor allem ,am Anfang sich selbst nicht. Ihr macht hier erst mal nur Erfahrungen, und sammelt diese.

12. Die Kristallkugel Idee

Ich kann euch dazu noch eine sehr schöne Geschichte von mir erzählen. Ich habe mir von klein auf eingebildet in einer Kristallkugel einmal alles sehen zu dürfen was ich nur will. Also habe ich mir im Erwachsenenalter einfach mal so aus Neugierde, eine zugelegt. Wenn ich schon im Voraus die Nachrichten weiß, dann ist das jetzt der richtige Augenblick um Kindheitsträume wahr werden zu lassen. Wenn nicht jetzt wann dann.

 Also fuhr ich eine einfache Fahrtstrecke von 129 km, da es in meiner ländlichen Umgebung keinen Esoterikshop gab, um mir eine Wahrsagekugel zu kaufen. Ich habe natürlich keinem davon erzählt. Schon in dem Laden kam ich mir ein wenig seltsam vor. Zur Sicherheit habe ich mir noch Heilsteine und ein Buch über TAO gekauft! Ich war überrascht dass es „Tao" tatsächlich gab. Aber das ist eine andere Geschichte.

 Voller Vorfreude und Enthusiasmus landete diese dann fein säuberlich – frisch geputzt und herzlich willkommen geheißen - vor mir auf den Schreibtisch. So dass ich sie immer gemütlich von meiner Hängematte aus ansehen konnte. Mit dem Brustton der Überzeugung auf meine großen Seherischen Fähigkeiten, stellte ich nun meine

Fragen und erwartete selbstverständlich prompte bildhafte Antworten.

NICHTS war zu sehen. Ich konnte wirklich in der absoluten Gelassenheit von meiner Hängematte aus, perfekt in die Kristallkugel blicken. Vollkommen ungestört starrte ich ab diesem Zeitpunkt, Abende lang in diese dämliche Kugel. Nichts, absolut nichts. Das hat mich dann irgendwann auf den Boden der Tatsachen zurückgebracht. Die Kugel verschwand wieder im Karton. Aber sie ließ mich nicht los. Ich hatte das wahrhaftige Bild vor Augen wirklich in dieser Kristallkugel sehen zu können. Ich bat Gott und die Engel um ein Zeichen um eine Botschaft um einen Auftrag. Außer dem Bild eines gleichschenkligen Christuskreuz vor meinem geistigen Auge, dass ich erst mal nicht zuordnen konnte geschah wieder nichts.

Bis ich dann eines Tages den starken Drang verspürte die Kugel wieder auszupacken, sie wiederum auf dem Schreibtisch zu platzieren um dann von meiner Hängematte aus das gleichschenklige Christuskreuz imaginär hinein zu zeichnen. Ich konzentrierte mich nur auf das Erscheinen des Kreuzes in der Kugel. Aber es gelang mir nicht. Also zeichnete ich es mit einer Handbewegung hinein. Entweder lag es an meiner Hand, oder der Himmel wollte einfach nicht mit mir durch die Kristallkugel kommunizieren. Und das ging ein ganzes Jahr lang so. Nur mit dem Unterschied das die Kugel nicht mehr in der Kiste verschwand, sondern unter einem „ Tiefblauen Samt Tuch".

13. Die Erscheinung

So ging das nun Tag ein Tag aus. In der Zwischenzeit arbeitete ich bereits hier auf Vistano als „Angelplace" Himmlisches Sprechmedium – das wurde mir so durchgesagt von TAO - ‚aber das ist ja eine andere Geschichte. Und während meinen Beratungen fiel mein Blick hin und wieder auf die Langweilige stumm vor sich hin schweigende Kristallkugel die nur die Deko meines Schreibtisches wieder spiegelte und dabei selbst zur Dekoration wurde. Es war ja eh nichts darin zu sehen, sah allerdings hübsch aus wie sie da so stand.

Und da geschah es. Eine Stammkundin rief an und erzählte mir von ihren Sorgen und Nöten. Ich hörte ihr aufmerksam zu und schaukelte in meiner Hängematte hin und her während ich mich konzentrierte. Mein Blick fiel gewohnheitsmäßig in die Kristallkugel und - ich erstarrte förmlich für einen kurzen Moment.

Das gleichschenklige Jesus Christus Kreuz erschien ganz klein darin und kam aus der Kugel auf mich zu. Ich hörte nicht mehr was meine Klientin zu mir sprach, aber ich hörte mich eine Frage stellen dessen Wortlaut ich niemals vergessen könnte:

„Sag mal, sitzt du an deinem Schreibtisch auf einem Drehstuhl mit Rollen und hast die Füße auf dem Tisch?"

Antwort: „Ja, wieso?"

Frage: „Und dieser Tisch ist Dreieckig!?"

Antwort: „ Ja warum?"

Meine Klientin schien keineswegs verblüfft zu sein, aber ich war aufgeregt überrascht und sagte:

„Ich sehe dich, in meiner Kristallkugel!"

Ja, genauso, ganz genau so ist es geschehen. Ein Jahr nachdem ich die Kugel gekauft, gereinigt, besprochen, und beschworen hatte. Ohne mein Zutun, und als ich es am wenigsten erwartet habe. Einfach so.

Das Schloss war geknackt. Nicht weil ich es wollte sondern weil es sein sollte. Naja, eigentlich beides. Der Wille das Ziel der Glaube die Geduld (Samen sprießen lassen) und den Rest erledigt die Liebe Gott oder wer auch immer. Bei mir ist und bleibt es der Liebe Gott. Darauf folgten noch viel weitere Erscheinungen, lustige, seltsame und sehr mysteriöse. Nur das, ist eine andere Geschichte.

Das was ich damit sagen will ist schnell erklärt: Mache weiter in „deiner" Hängematte. Schlafe getrost ein bei „deiner" Meditation. Aber höre nicht auf damit. Eines Tages ist dein Code geknackt und du bist drin. Also auf geht's, hole dir was auch immer du meinst dafür zu brauchen um in Kontakt mit deinem Himmel zu kommen. Habe ein Ziel, spiele damit, und habe Geduld. Du wirst in jedem Fall belohnt werden.

14. Die Kraft der Anrufung

Während meinen weiteren zahlreich folgenden
Meditationen erschienen mir immer häufiger
Bilder die mit Zahlen codiert waren. Ich fing an sie
nachzuzeichnen und in darauf folgenden
Meditationen zu entschlüsseln. Es macht riesen
Spaß damit zu arbeiten und immer neues
Aufregendes zu erfahren über die Bedeutung der,
wie ich es nannte Schlüsselcodes.

Eines, meiner wichtigsten Schlüsselcodes wurde
die Kraft der Anrufung. Wo auch immer ich auf
der Suche nach Antworten war, stellte ich mir
dieses Bild vor, sprach die Zahl 5 hinein und
stellte eine Frage.

Danach schloss ich die Augen und wartete ab was geschah. Es sind immer andere Eindrücke, Begebenheiten oder einfach nur Gefühle die in einem aufsteigen.

Vor Jahren war ich der Überzeugung, dass sich beim Channeln etwas sensationelles Welt bewegendes ereignet, sobald ich die Pforte zur geistigen Weilt geöffnet, und sie durchschritten habe.

Und darauf warte ich heute noch!

Es ist eher so wie bei der Kristallkugel. Du hast ein Ziel und setzt es um. Gehst auf deine Art und Weise auf das Objekt zu, in dem Fall die Kugel, und beschäftigst dich damit. Und dann, irgendwann plötzlich, genau in dem Moment wo du es am wenigsten erwartest geschieht das unglaubliche. Und das Ihr Lieben, genau das ist channeln. Ziemlich unspektakulär und sofort im täglichen Leben integrierbar.

Deine Bilder, Zahlen oder Eingebungen sind vielleicht komplett anders als meine, aber sie sind real und dein persönlicher Zugang. Je mehr du dich damit beschäftigst umso besser. Wie ein Samen den du säst, braucht auch dieser, Liebe Hingabe und Aufmerksamkeit. Aber auch mal Ruhe gönnen Geschehen und gedeihen lassen, das wird schon.

Wenn es dir Freude bereitet arbeite mit meinem Symbol. Es steht dir jeder Zeit zur Verfügung. Oder nehme dein eigenes. Finde etwas was dich neugierig macht in guter Absicht ohne dabei jemanden Schaden zu wollen. Denke immer daran, dass alles eines Tages wieder zu dir zurückkommt.

Schreibt mir eure Erfahrungen. Sie bleiben selbstverständlich geheim. Ehrensache!

15. Die Sache mit der Disziplin

Das ist tatsächlich so. Denn ohne ständiges Üben, in sich hineinhören, alles aufschreiben, den Vorgang wiederholen, nachdenken, sortieren, und wieder von vorne anfangen. Wird das nicht nichts werden mit dem selbsternannten Weg zum Channel Medium. Das klingt einerseits deprimierend und anstrengend, aber andererseits wirst du dich mit einem Schmunzeln im Gesicht, gerne daran zurückerinnern. Siehe die Sache mit meiner Kristallkugel. Denn solche intensiven Erlebnisse wirst du danach garantiert nie wieder haben. Irgendwann wird dir alles als vollkommen normal und natürlich erscheinen. Selbst dann, wenn du die Gedanken eines anderen laut hören kannst, und aus Versehen darauf auch noch laut antwortest. Die einzige die darüber erschrickt wirst dann du selbst sein, und dich geschickt aus der Affäre ziehen. Mir ist das so ergangen. Nicht nur einmal, Aber, das ist eine andere Geschichte.

Stellt sich nun allerdings interessanter Weise die Frage, wann tritt so ein intensives Erlebnis überhaupt in Erscheinung? Und kann ich es überhaupt wahrnehmen? Mit Sicherheit dann wenn du es absolut nicht erwartest.

Denn dein unbedingtes Wollen verhindert gerne einmal die Wahrnehmung der Geschehnisse. Und genau darum solltest du buchstäblich – Buch – führen. Nur, womit motiviere ich mich so einen Aufwand zu betreiben.

Wenn ich kein wirkliches Ziel habe das den ganzen Aufwand wert ist, wird mein Unterbewusstsein stets Wege finden um mich fein säuberlich davon abzulenken. Ergo, muss etwas her dass mich beschäftigt und mir auch den Beweis liefert das ich meine unmittelbare Zukunft selbst sehen kann und sie dann auch noch siegessicher eintrifft. Und ab dem Zeitpunkt wird es sehr spannend werden.

Die liebe Gott hat sich mit seinen Engelscharen dafür etwas Schlaues einfallen lassen. Denn wann immer ein Mensch bereit ist sein inneres Medium zu öffnen, wird er ihm einen Partner schicken, einen sogenannten „Türöffner". Und jetzt kommt es.

Ihr werdet euch ineinander verlieben, wie nie zuvor, das Gefühl haben euch zu kennen, schon immer miteinander gelebt zu haben. Gefühle spüren die ihr noch nie zuvor erlebt habt. Ein Liebesleben führen dass es kein zweites Mal mehr geben wird. Eine magische Anziehung wird vorausgehen und euch für immer halten wollen. Innerlich habt ihr schon geheiratet, 14 Tage

Flitterwochen am Strand und im Bett
verbracht, ein Haus gebaut ein Kind gezeugt und
alles scheint perfekt. Und zack vorbei!

Dunkle Wolken der Verzweiflung steigen auf.
Doch da ist etwas in dir, ein Band, ein Gefühl, eine
Verbindung. Und dann seid ihr drin! Halleluja,
herzlichen Glückwunsch. Jetzt wollt ihr nur noch
eines wissen. Wann kommt er / sie zurück, was ist
passiert? Jetzt solltest du anfangen mit dem
Himmel in Kontakt zu bleiben. Egal womit. Mit
einem Pendel, Karten, Symbolen, Gebete,
Meditationen. Und der Himmel wird dir
antworten! Und er wird dich sehen lassen! Und das
gesagte wird auch eintreffen. Das kann ich dir
versprechen. Allerdings wird es nicht immer
eintreffen. Du wirst lernen die Spreu vom Weizen
zu trennen. Du wirst lernen die kosmische Sprache
zu beherrschen und Zeichen deuten zu können. Du
wirst hinfallen und wieder aufstehen. Du wirst
lachen und weinen. Und irgendwann wirst du alles
hinschmeißen und mit Gott ins Gericht gehen.

Und dann, eines Tages wirst du verstehen! Es ist
ein langer Weg dorthin. Felsig, blumig, lustig,
gruselig, liebevoll romantisch und höchst seltsam
oder erheiternd. Aber er ist lohnend dieser Weg.
Und glaube mir, du kannst auch für dich selbst in
die Zukunft blicken. Allerdings nur wenn du auch
gewillt bist schlechte Nachrichten anzunehmen,
und den lieben Dickkopf da oben ausschaltest der

Stets alles besser weiß. Wie gesagt, alles nur reine Übung!

Es gibt Dinge, die kann der Verstand nicht erklären, aber Gott kann es!

16. Es braucht keinerlei Katastrophen!

Eines sei vorweg gesagt. Wenn du den Himmlischen Kontakt ernsthaft ersehnst, dann beschäftige dich mit ihm. Denn das womit du dich beschäftigst, wird sich auch mit dir beschäftigen. So einfach ist das. Hier sei nochmals und ausdrücklich erwähnt: Setze dich hin und übe tagein tagaus. Irgendwann springt die Türe in den Kosmos auf.

Und dafür braucht es keinerlei Katastrophen, Nahtoderlebnisse oder gar Rauschmittel. Es ist einzig und allein dein Wollen.

Sicher gibt es sie die Katastrophen die dir unmissverständlich bestätigen was du sowieso schon weißt. Mir ist das leider so geschehen. Oder vielleicht sogar Gott sei Dank. Gottes Wege sind manchmal sehr verschlungen, Ich habe Raubbau an meinem Körper getrieben. Habe das Leben aus meinem Körper gekotzt im wahrsten Sinne des Wortes. Mein Leben war mir komplett entglitten. Ich erlebte in meiner Ehe körperliche und seelische Gewalt, das sich auf meine Kinder übertrug. Ich sehnte mich nach Geborgenheit und Liebe. Nach Schutz für mich und meine Kinder. Und ruinierte mich dabei. Ständige Geldsorgen und Arbeitslosigkeit taten ihr übrigens dazu. Mein

Mann entwickelte Probleme, und meine Kinder rebellierten.

Ich erhoffte mir Hilfe, doch es konnte keine kommen weil in mir keine war. Ich hatte mich aufgegeben. Meine erdachte Hilflosigkeit ließ mich genau das erleben. Dazu kam dann die Angst die sich in massiven Panikattacken erstreckte. Mein Körper mein Geist, meine Seele, ich war am Ende. Doch irgendetwas erhielt mich am Leben. Brachte mich stets dorthin zurück. Ließ mich immer wieder aufstehen. Der vorgeburtliche Plan? Gottes Wille? Habe ich mir das etwa so ausgesucht? Sicher es gab auch sehr schöne Zeiten aber, wie doof muss ich da oben eigentlich gewesen sein um mir so viel Elend auf den Schirm zu schreiben.

Eines Tages dann, stieg in mir eine unendliche Kraft auf. Eine Erkenntnis öffnete mir die Augen. Und ich konnte sehen was geschah. Ich spürte heftig dass dies alles nicht mehr zu mir, zu uns passte. Gleichzeitig erkannte ich einen Plan wie ich all das verändern konnte. Meine Perspektive hatte sich geändert. Und mit ihr alles um mich herum. Mein Umfeld und ich begannen zu heilen. Es war ein langer Weg. Und er ließ mich erkennen, ich hatte zu jedem Zeitpunkt eine Wahl. Hätte ich hingesehen statt wegschaut. Jetzt im nach hinein ist mir das erst klar geworden und ich sehe viele Wege die ich hätte gehen können. Ich hoffte immer auf die Hand von außen die mich und meine Kinder errettet. Es wäre weniger Leid geschehen hätte ich früher gehandelt. Probleme verschwinden nicht indem man sie ignoriert.

 Eine kleine Kurskorrektur genügt oftmals schon um wieder auf die Spur zurück zu kommen.

Wenn auch du zu den Menschen gehörst die über Leid oder Krankheit zu Gott gefunden haben, dann schließe Frieden mit deiner Vergangenheit. Wenn du nicht an Engel glaubst, oder Wunder wird Gott dir Wunder senden, und auch Engel, die du dann selbstverständlich als unerklärlichen Zufall abtust. Oder vielleicht doch nicht?

Wie gesagt, es braucht keinerlei Katastrophen um mit dem Himmel in Kontakt zu treten. Es braucht einzig und allein deine Hingabe, und deinen unumstößlichen Willen. Und die Tore werden sich öffnen. Es ist und bleibt deine Entscheidung.

17. Nur für geübte: Partner anziehen

Glaubst du nicht? Zahlreiche Vistano Klienten haben so ihren Partner gefunden, und bestätigen dies auch. Der Himmel führt euch zusammen, machen müsst ihr das allerdings selber. Damit ist gemeint an der Bindung arbeiten, sie selbst wirklich wollen und nicht nur einen Partner für das tägliche Entertainment. Schlimmer noch, für das gemachte Nest und die Geldbeschaffung, da man selbst zu faul ist Verantwortung zu übernehmen. Das funktioniert vielleicht eine gewisse Zeit. Es gibt sogar Partnerschaft Rituale die dies hinauszögern, allerdings umso extremer trennen. Ich kann nur davon abraten, es sei denn ihr seid sadistisch veranlagt und liebt es euch selbst zu quälen.

Wobei wir beim Thema wären. Ich kann nur einen Partner lieben wenn ich mich selbst genug liebe. Denn nur dann habe ich die nötige Gelassenheit und Toleranz meinen Partner zu verzeihen, ihm zu vertrauen und nicht hinter jedem abendlichen Ausgang eine heimliche Affäre zu vermuten. Denn ich bin die liebevolle Partnerin der liebevolle Partner die, der erwählt wurde. Warum sollte also Bedarf dafür bestehen?

Wenn ich selbst natürlich stets meinem Marktwert teste wie gut ich bei dem anderen Geschlecht ankomme, dann kann ich nicht ernsthaft an einer aufrichtigen Partnerschaft interessiert sein. Warum erwarte ich das dann von meinem Partner? Nur dann, und das sicher, wenn ich ihn mir einzig zu meinem Wohlergehen Charmeur und Haustrottel der brav das Geld verdient und mich damit reichlich an Land gezogen habe. Natürlich durch umwerfend leidenschaftlichen Sex den ich gerne und bereitwillig gebe weil es das einzige ist das uns wahrhaft verbindet, denn an ihm und seinen Bedürfnissen habe ich ja einerlei Interesse. Das ist öde, anstrengend und reine Zeitverschwendung.

Verstehst du was hier passiert? Das kann nicht funktionieren, da es Manipulation ist und keine Liebe. Und wo die Liebe fehlt ist auch kein halten. Aber wie funktioniert es dann? Ganz einfach, und damit sind wir wieder am Anfang. Liebe dich selbst so wie du von dem Partner geliebt geachtet wertgeschätzt und anerkannt wirst. Wenn du das schaffst, wird deine Wertschätzung für dich, den Partner, der die gleiche Wertschätzung in sich trägt durch das Gesetz der Anziehung zu dir kommen. Es ist dann der Partner der zu dir passt, weil du passt!

Lerne auch mal über dich selbst zu lachen statt zu kritisieren. Lobe gutes lass auch hin und wieder sprichwörtlich fünf gerade sein. Das schadet sicher auch nicht. Wir alle machen Fehler im Leben besonders in Beziehungen, denn dummerweise hat der liebe Gott bei der Geburt vergessen die Gebrauchsanweisung mit in die Wiege zu legen. Allerdings hast du jetzt ein Werkzeug in die Hand bekommen wie du eine wirkliche Beziehung bekommst, die gleichermaßen liebt und gibt. Handle danach, oder lasse es bleiben. Übernimm Verantwortung für dich. Wenn du deinem Partner die Macht gibst dich glücklich zu machen, dann hat er auch gleichzeitig die Macht die unglücklich zu machen. Liebst du dich selbst genug, dann brauchst du solche Spielchen nicht. Also, auf geht es, der Himmel wartet schon auf deinen Auftrag.

Hier kommt nun der wahrscheinlich wichtigste Schlüsselcode für den Rest deines Lebens. Schreibe ihn dir auf Klebezettel und pflastere damit dein Haus voll. Spreche dir ein Memo auf, und sei erfinderisch. Und die Antwort lässt nicht lange auf sich warten. Wie gesagt, es gibt bereits Beweise dafür!

„Jetzt kommt der Partner in mein Leben, der zu mir passt"!

18. Der Zauber der Liebe

Wenn wir die Liebe angezogen haben, müssen wir sie entfachen. Das ist ungefähr so, als wenn du dir Brennholz kaufst (das ist dein von dir angezogener Partner) und einen Kamin besitzt. (der Kamin bist du.)

Beides für sich alleine ist sehr sinnvoll. Doch ohne das Holz zum Brennen zu bringen kann der Kamin nicht heizen und es bleibt leider kalt in der guten Stube. So ist das auch mit der soeben neu gewonnen Liebesbeziehung. Doch wie heize ich die Beziehung an, und vor allem, wie schüre ich das Feuer?

Da gibt es eine Methode die eigentlich recht einfach ist, allerdings etwas Zeit und vor allem Mut in Anspruch nimmt. Doch es lohnt sich.

Siehe eure Liebe mit den Augen des anderen. Mit den Augen des Partners. Was nimmst du wahr? Wie wirst du von ihm wahrgenommen? Was für Gefühle oder Ängste gehen in ihm, in ihr vor. Was erhofft er sich von eurer Verbindung? Was ist er – sie bereit dafür zu tun und zu geben? Hat dein Partner ähnliche Pläne wie du? Ist er über beide Ohren verliebt oder noch unsicher? Aber wie findest du das heraus?

Ganz einfach, nehme dir dafür ein weißes Blatt Papier und schreibe seinen oder ihren Namen darauf. Der Vorname reicht. Dann sorgst du für absolute Stille um dich herum, damit du mindestens fünf Minuten ungestört sein kannst. Du kannst es dir natürlich gemütlich machen, das ist sogar sehr hilfreich, nur Musik würde dich ablenken. Verdunkle wenn du möchtest das Zimmer in dem du sitzt. Wichtig dabei ist, dass du mit dir und deinen Gedanken völlig alleine sein kannst

Nehme dir nun einen Stuhl und lege das weiße Blatt Papier, mit dem Namen des Partners, auf die Sitzfläche. Und jetzt, setzt du dich darauf. Es spielt dabei keine Rolle ob das Blatt zerknittert oder reißt, denn das hat keinerlei Einfluss auf das Ergebnis. Einfach nur darauf setzen, tief durchatmen die Augen schließen und geschehen lassen. Das ist alles. Du bist in diesem Moment in das Energiefeld deines Partners geglitten. Nun kannst du buchstäblich fühlen und sogar auch sehen wenn du geübt bist, wie es deinem Partner mit dir und eurer Beziehung ergeht. Allerdings solltest du auch tapfer genug sein falls die Botschaften die du wahr nimmst nicht ganz so rosig sind wie erwartet. Jedoch hast du dadurch nun auch eine Gelegenheit zugespielt bekommen eventuell eine kleine Kursänderung vorzunehmen.

Glaube mir wenn du das einmal ausprobiert hast, dann wirst du freiwillig viel Zeit in deinem Raum der Stille verbringen wollen. Was noch anzumerken wäre ist: Es ist vollkommen ausgeschlossen das du etwas manipulieren kannst. Du kannst lediglich bei dir etwas verändern alles andere ist unmöglich. Definitiv. Du kannst es gerne versuchen aber es wird nichts bringen. Reine Zeitverschwendung.

Als ich über den sogenannten Zauber der Liebe meditierte erschien mir dieses Schmetterling Bild. Zunächst konnte ich gar nichts damit anfangen, aber mit der Zeit, spielte der Himmel mir Gelegenheiten zu. die ich mir besser hätte nie erträumen können. Gehe mit kindlicher Freude und Neugierde an die Sache heran. Staune und sei begeistert. Und vor allem, sei offen für Überraschungen.

Und jetzt hole dir ein weißes Blatt Papier.

19. Am Ball bleiben

Hätte ich dies alles schon vor zehn Jahren gewusst wären mir so manche Enttäuschungen erspart geblieben. „Enttäuschen" bedeutet ja eigentlich nichts weiter, als die rosarote Brille ab zu nehmen um der Wahrheit ins Auge zu schauen. Leider ist dieser Vorgang immer mit Schmerzen verbunden. Tiefen Schmerzen, die sichtbare Spuren hinterlassen und nur gemächlich nach und nach heilen.

Leider distanzieren uns diese Erfahrungen auch von potentiellen zukünftigen Partnern. Da das Urvertrauen einen Zusammenbruch erlitten hat. Und das sicher nicht nur einmal. Wie komme ich da also raus?

Ganz einfach aber anstrengend. Und vor allem muss man auch die Lust dazu aufbringen es wirklich zu tun. Wie immer lohnt es sich.

Wann immer dir ein Partner begegnet schreibe dir den Namen auf ein Blatt Papier und stelle oder setze dich darauf. Nimm dir Zeit dafür. Schaffe dir eine für dich angenehme ruhige Umgebung in der du ungestört sein kannst. Das alles wird dir helfen dich besser darauf einzulassen.

Wenn du dann soweit bist und auf besagtem Blatt Papier stehst, sitzt oder sogar darauf liegst, wirst sofort die Energie der Person wahrnehmen. Du trittst buchstäblich in das Energiefeld ein. Nun sei nur noch offen für die Bilder die du siehst, und die Gefühle die du spürst. Nimm das ernst was da gerade geschieht. Du bist in einem realen Channel. Falls du jemals bei einem Familienaufstellen teilgenommen hast, wirst du wissen wovon hier die Rede ist. Allen anderen sei gesagt, dies ist kein Hexenwerk, nur eine Sache des Wollens, und des Handelns. Nicht mehr und nicht weniger. Durch diese Methode wirst du sehr schnell lernen die Spreu vom Weizen zu trennen. Zu wissen wer es ehrlich mit dir meint und wer nicht.

Habe keine Angst dabei, eure Schutzengel leiten und begleiten das ganze damit kein Unfug geschieht. Nimm einfach wahr und schreibe dir deine Erlebnisse im Anschluss daran auf. Es wird dir nicht immer gefallen was da abläuft, aber es wird dir helfen. Du wirst ehrlicher im Umgang mit dir selbst und anderen. Und das ist der erste richtige Schritt. Sei dir bewusst, du hast gerade einen Channel abgehalten. Je geübter du bist umso mehr wirst du wahrnehmen. Du musst nur am sogenannten Ball bleiben!

20. Analyse

Nun sollte eine geraume Zeit vergangen sein in welcher du fleißig deine Partner, oder auch andere Dinge des Lebens, hellgesehen hast. Du wirst dabei bemerkt haben, das einige Channels zu hundert Prozent zu trafen, andere allerdings wieder herum nicht.

Woran liegt das? Die Frage ist schnell beantwortet. Zum einen an deiner Konzentration, und zum anderen an deinem Willen die Wahrheit zu akzeptieren. Es gibt jedoch noch einen weiteren Grund warum es des Öfteren passiert dass ein Channel schlicht und ergreifend komplett falsch ist.

Es liegt in unserer Natur anderen Menschen helfen zu wollen wenn wir sehen dass es uns möglich ist sie vor einem schweren Fehler, oder gar Katastrophen zu bewahren. Das ist natürlich sehr löblich und freut auch uns, wenn wir darauf aufmerksam gemacht werden wenn uns Gefahren drohen könnten. Körperliche oder sogar seelische. Die Sache hat nur einen Haken. Einen sehr gravierenden sogar. Denn, wir wurden nicht danach gefragt!

Wir haben ungefragt in das Leben eines anderen eingegriffen und ihn dadurch entweder komplett durcheinander gebracht, oder sogar wütend auf uns gemacht. Warum ist das so? Es mag sicher besondere Fälle geben indem es uns möglich war durch unsere Aussage vor Unheil zu beschützen auch ungefragt, die Regel jedenfalls ist das nicht. Wir sind in so einem Fall noch nicht bereit dazu die Wahrheit anzunehmen, zu erkennen, dass es da eine höhere Macht gibt die uns doch eigentlich nur beschützen will.

Die Tatsache ist, wir sind noch nicht so weit entwickelt. Uns fehlt das Verständnis dafür, und wir beschuldigen daraufhin das „Medium" an den folgenden Katastrophen die nach seiner an uns gerichteten Aussage eintreffen. Und das wird das genaue Gegenteil sein von dem was wir gesehen haben. Oder noch viel schlimmer, wir werden dafür verantwortlich gemacht.

Zur Veranschaulichung ein Beispiel aus meiner Praxis. Während eines Channels mit einem Klienten erschien vor meinem geistigen Auge ein Bild wie mein Sohn einen Motorradunfall hatte. Es war nur ein kurzes aufblitzen, allerdings erschrak ich zu Tode und verstummte während des Gesprächs mit meinem Klienten. Ich entschuldigte mich zunächst, war aber verwirrt über das erlebte, war es mir doch zuvor noch nie passiert. Ich erzählte meinem Klienten kurz was geschehen war und bat ihn, mich später noch einmal anzurufen.

Meine Konzentration war flöten und ich musste sofort meinen Sohn anrufen. Gott sei Dank ging er ans Telefon. Ich schilderte ihm erleichtert was ich gesehen hatte. Mein Sohn war verwundert, das Gespräch beendet. Ich ging wieder an meine Arbeit und dachte nicht mehr darüber nach.

Vier Stunden später ging die Haustüre auf und mein Sohn kam, nicht gerade begeistert, auf mich zu mit den Worten: „Mama erzähle mir nie wieder so einen Mist von einem Unfall!" Ich schluckte und sah meinen Sohn entsetzt an. Konnte seinen Ärger gut verstehen, aber die Welt nicht mehr. Es war ihm Gott sei Dank nichts passiert, aber hier passierte gerade etwas-

Ich hoffe sehr, ihr alle die dies hier lesen, habt den Sinn darin verstanden worum es geht!

Seid also achtsam mit euren Aussagen, und analysiert zuerst und immer, ob es sinnvoll ist gleich alles auszuplaudern. Oder an dieser Stelle ein Gebet um Schutz nicht die bessere Wahl wäre. In meinem Fall wäre es dies sicher gewesen. Aber auch ich musste erst lernen mit den Urgewalten umzugehen.

21. Die nackte Wahrheit

Ganz ehrlich? Wer will wirklich die nackte Wahrheit wissen Wenn ich verblendet bin schwebe ich gerne weiter auf Wolke sieben wer will da schon die Wahrheit wissen. Aber Stopp! Wie kann ich ein gutes reines Medium sein wenn ich mich selbst belüge?

Daran verzweifeln die meisten und scheitern auch daran. Da die kosmischen Gesetze eben nun mal für alle Menschen auf diesem Planeten ihre Gültigkeit haben, können wir leider nur in dem Maße die Wahrheit gesagt bekommen in dem wir auch bereit sind sie anzunehmen. Ergo: Was ich aussende kommt zurück. In dem Fall belüge ich mich in der Liebe und werde dementsprechend auch belogen.

Blöde Sache aber auch, doch leider wahr, Wenn ich nicht bereit bin mich einer ehrlichen Innenschau zu unterziehen, werde ich niemals die Wahrheit akzeptieren. Das ist ein sehr wichtiger, allerdings auch sehr heikler Punkt. Denn an dieser Stelle werfen die meisten Schüler das Handtuch. Wenn du es schaffst an diesem schwierigsten Punkt weiterzumachen und nicht aufzugeben, wirst du eines Tages äußerst angenehm überrascht werden. Das garantiere ich dir.

Nutze in dieser Zeit auch die vielseitigen Möglichkeiten die dir die Literatur bietet. Lasse dich von deinem inneren Kompass leiten. Es ist dein Schutzengel der dich sicher an alles heranführen wird was du brauchst. Studiere die Regeln des Universums und wachse an deinen Aufgaben. Gehe wann immer es dir möglich ist mit den Engeln in Kontakt und stelle ihnen dir antworten auf seine eigene Weise, und du wirst es spüren, hören oder sogar lesen können was er dir zu sagen hat. Gib nicht auf, denn es steht in deinem Lebensplan dass du mit Fragen. Frage auch nach dem Namen der Engel wenn du spürst dass einer bei dir ist. Er wird Himmel kommunizieren sollst, sonst würdest du dieses Buch nicht lesen. Und irgendwann, eines Tages, wirst du die „nackte Wahrheit" lieben.

Gesegnet seist du geliebter Erdenengel!

22. Androiden und andere Störungen

Ist dir eigentlich schon einmal aufgefallen, dass, wann immer du anfängst der Wahrheit näher zu kommen sich permanent irgendeine Störung in Form einer Ablenkung einstellt? Das ist das Androiden Syndrom. Du bist gefühlt der Wahrheit so nahe und plötzlich kreisen andere Planeten um dich herum die dich davon abhalten tiefer in deine eigene Wahrheit zu blicken, sie zu erkennen, und frei danach zu handeln.

Warum ist das so? Nun, dies ist gewissermaßen die letzte Hürde die es zu nehmen gilt in den Weiten unsere Matrix die so viel Wissen für uns bereit hält für den der gewillt ist ernsthaft zu sehen.

Da hilft nur eines: Klar auf das Ziel ausgerichtet zu bleiben, den störenden Gedanken keinen Raum zu geben, und auf die vorher gestellte Frage, und auch nur die, fokussiert bleiben, um diese beantwortet zu bekommen.

Dieser geballte Strom an Nachrichten ist so beeindruckend das es ein leichtes ist, sich davon ablenken zu lassen. Geübten gelingt es in Sekundenschnelle die sogenannte Linie der Wahrheit zu verfolgen. Aber es ist schließlich noch kein Meister vom Himmel gefallen. Mit etwas

Übung und gutem Willen wirst du sehr schnell den störenden Frequenzen keinen Raum geben.

Stell dir einfach vor, dein Channel ist wie eine Einstellung im Radio. Jemand sagt zu dir, bitte sei so lieb und schalte mal eben Antenne was weiß ich ein, ich muss hören was da jetzt läuft. Dann wirst du sicher an deinem Radiogerät solange die Frequenz suchen bis du sie gefunden hast. Und dann, wirst du unweigerlich alles hören was auf diesem Kanal läuft. Ganz egal ob du willst oder nicht. Verstanden? So einfach ist das.

Also dann ran das Gerät.

23. Spirituelle Heil Symbole

Lass dich von Erzengel Raziel dazu verführen dir
ein eigenes spirituelles Heil Symbol zu erschaffen.
Indem du spielerisch damit umgehst wirst du mehr
erfahren als du dir je erträumt hast. Deine Engel
wissen wie sie dein Unterbewusstsein erreichen

Bei mir sind es immer Bilder. Zuerst Formen die
sie von allein malen um danach mit Farben ihren
Zauber zu erhalten. Lies dir die Bedeutung der
Farben durch und du wirst überrascht sein wie sie
dich wiederspiegeln.

Beschäftige dich eine Zeit lang damit. Vor allem
aber, mache dir immer wieder Notizen dazu. Es ist

vielleicht etwas mühsam zunächst. Aber sei dir bewusst, dass du hier Geisteswissenschaften studierst, die dir sehr hilfreich sein werden in deinem Leben.

Hetze niemals durch die einzelnen Abschnitte, auch wenn die Neugierde noch so groß ist. Du übersiehst dabei wichtige Informationen die dir das Leben erleichtern würden.

24 Nur nicht nachdenken

Denken schadet ja nichts aber in dem Fall schon. Wenn du Channeln lernen willst dann musst du ab sofort eines aufhören. Nämlich, dir selbst versuchen zu erklären was du da gerade sagst, siehst, oder hörst. Du arbeitest im Bereich des Bewusstseins was mehr weiß als deine Persönlichkeit (Ego) sich erklären kann, aber dennoch die reine Wahrheit ist. Schwierig?

Ja, ist es. Zu meinen Anfängen auf der Hotline habe ich immer eines vorweg gesagt. - Bitte sagt sofort stopp wenn euch etwas komisch vorkommt was ich euch hier sage. - Das hat mir die Sicherheit gegeben, innerlich mich ganz und gar auf den Channel einzulassen. Und in den ganzen 15 Jahren hat ein einziger jemals Stopp gesagt.

Das Denken blockiert uns Medien beim zu hören. Dafür ist ein wacher aufmerksamer Geist nötig. sowie eine gehörige Portion Mut notwendig das gesagte unverfälscht weiterzugeben, oder sich sogar als freier Kanal zur Verfügung zu stehen und mich dafür ach zu öffnen.

Nicht ich muss mir das erklären können sondern mein Klient. Bis heute kommt mir so manches noch wirr und seltsam vor was durch mich gesagt wird. Allerdings stärkt das Feedback des Klienten das Vertrauen in mich, und meine Durchsagen. Nicht zuletzt natürlich auch in meine Himmlischen Quellen.

Aber das werdet ihr alles mit der Zeit selbst erfahren und lernen. Erfahren kommt von Erfahrung und die hat kein Mensch am ersten Tag.

Aber ihr könnt vom ersten Tag an so mutig sein und die Verantwortung für das gesagte übernehmen.

Vorausgesetzt ihr findet den nötigen Abstand dazu. Denn es sind nicht eure Worte!

Schlusswort

In diesem Sinne übt also fleißig und schreibt euch alles auf was ihr erlebt.

Und wer weiß, vielleicht lese ich eines Tages eure Geschichte.

Auf der nächsten Seite ist ein Geschenk an euch. Eine kleine Meditation damit es euch leichter fällt in die Welt des Unsichtbaren einzutauchen.

Und jetzt fangt endlich an!

MEIN ENDE IST DEIN ANFANG!

Gesegnet seist du!

deine

Angelplace

<u>Wohlstand und Reichtum</u>

free download

eine Meditation

von

Angelplace

In meinem YOU TUPE Kanal findet ihr noch
weitere Videos die ihr alle kostenfrei downloaden
dürft. Viel Spaß damit. ;-) Sucht nach Angelplace,
und ihr werdet mich finden. Ich freue mich auf
euch.

www.angelplace.de

Danke meine lieben Engel für euren Beistand und Eure Hilfe. Und vor allem für eure Geduld, und das sprichwörtliche „ dicke Fell", denn ich war nicht immer nett zu Euch.

Und TAO, dir gilt mein besonderer Dank, denn du hast es immer wieder verstanden mich aus dem Himmel ins Leben zu holen, und genauso anders herum. Ohne dich hätte ich nie den Mut dazu gehabt mich auf die „andere Seite" einzulassen.

Und danke lieber Gott, oder Universum, oder alles was ist, Urenergie, Schöpferkraft, Quarks, oder wie auch immer du heißen magst.

Danke dass du mir die Angst vor dir genommen hast. Jetzt weiß ich: Gott ist reine Liebe! Und in diesen Fluss, der unendlichen schöpferischen liebenden Quelle, bade ich nun jeden Tag und lasse mich einfach treiben. Mal sehen wo das Leben mich noch hin spült. Danke.

Danke für meine Familie, und meine Kinder, denn sie sind das Beste was du mir jemals geschenkt hast.

Ich liebe dich Nadine

Ich liebe dich Christopher

Ich liebe dich Bianca.

Danke dass es Euch gibt.

Eure Mama